CATALOGUE

D'UNE

BELLE COLLECTION

DE

TABLEAUX

ESPAGNOLS

DONT LA VENTE AUX ENCHÈRES PUBLIQUES AURA LIEU

HOTEL DES COMMISSAIRES-PRISEURS

Rue Drouot, nº 5

SALLE Nº 7

LES JEUDI 18 & VENDREDI 19 FÉVRIER 1864, A 1 HEURE

Par le ministère de Mᵉ ESCRIBE, Commissaire-Priseur,
rue Saint-Honoré, 217,
Assisté de **M. HORSIN DÉON**, Peintre, rue Chabanais, 1,
Chez lesquels se distribue le présent Catalogue.

EXPOSITION PUBLIQUE

Le Mercredi 17 Février 1864, de 1 heure à 5 heures.

PARIS

RENOU & MAULDE
IMPRIMEURS DE LA COMPAGNIE DES COMMISSAIRES-PRISEURS
Rue de Rivoli, 144.

1864

CATALOGUE

D'UNE

BELLE COLLECTION

DE

TABLEAUX

ESPAGNOLS

DONT LA VENTE AUX ENCHÈRES PUBLIQUES AURA LIEU

HOTEL DES COMMISSAIRES — PRISEURS

Rue Drouot, n° 5

SALLE N° 7

LES JEUDI 18 & VENDREDI 19 FÉVRIER 1864, A 1 HEURE

Par le ministère de M⁣e ESCRIBE, Commissaire-Priseur,
rue Saint-Honoré, 217,
Assisté de **M. HORSIN DÉON**, Peintre, rue Chabanais, 1.
Chez lesquels se distribue le présent Catalogue.

EXPOSITION PUBLIQUE

Le Mercredi 17 Février 1864, de 1 heure à 5 heures.

PARIS

RENOU & MAULDE

IMPRIMEURS DE LA COMPAGNIE DES COMMISSAIRES-PRISEURS
Rue de Rivoli, 144.

1864

CONDITIONS DE LA VENTE

—

Elle sera faite au comptant.

Les acquéreurs paieront, en sus du prix d'adjudication.
CINQ centimes par franc, applicables aux frais.

La Collection dont nous donnons le Catalogue offre un véritable intérêt. Recueillie par un homme éclairé, elle renferme plusieurs œuvres hors ligne, entre autres un magnifique tableau de Rincon, maître qui fait peut-être pour la première fois son entrée dans nos salles de ventes. Espérons qu'il y sera accueilli avec toute la distinction qu'il mérite, car il est incontestablement une des véritables gloires de l'École Espagnole, École malheureusement bien peu connue en France.

Puis vient, de Careno de Miranda, une œuvre magistrale d'un puissant effet; d'Alonso Cano, une Immaculée-Conception ; enfin des œuvres remarquables d'Escalante, de Vélasquez, de Goya, du Greco, de Posadas, etc., etc.

Parmi les Flamands, citons encore trois beaux Sneyders, et nous croirons avoir assez dit pour attirer l'attention sur notre vente qui aura au moins pour tous l'attrait de l'exception, car nous voyons tous les jours vendre des collections de maîtres Italiens, mais Espagnols, jamais.

DÉSIGNATION

DES

TABLEAUX

ÉCOLE ESPAGNOLE

ANTOLINEZ (JOSEPH)

1 — Saint Jean-Baptiste prêchant dans le désert.

2 — La Fuite en Égypte.

ARCO (ALONSO D'EL)

3 — Mort d'un saint Carmélite.

4 — Saint Paul apparaissant à une religieuse agenouillée.

BAYEU DE SUBIAS (FRANÇOIS)

5 — Le Martyre de saint Dominique. (Grisaille.)

6 — Le Martyre de saint Dominique.

7 — Un Mouton couché. (Étude.)

BAYEU DE SUBIAS (D'après)

8 — Saint François-Xavier implorant la miséricorde di-
vine.

CAMILO (François)

9 — Le Christ mort.

Deux anges pleurent à ses côtés.

CANO (Alonso)

10 — L'Immaculée Conception.

La Vierge, vêtue d'une robe blanche, entourée d'un manteau bleu,
s'élève dans les airs soutenue par des chérubins et des anges qui main-
tiennent le croissant sous ses pieds. Déjà elle a franchi les dernières régions
du firmament, l'Esprit-Saint dans une gloire, Dieu le Père sur un nuage
l'attendent à l'entrée de l'éternel séjour.

11 — Sainte religieuse.

Dans une main elle tient un livre, ns l'autre une crosse.

12 — Une sainte Religieuse en pied, tenant un ostensoir

CARENO DE MIRANDA (Don Juan)

13 — Le Festin de Balthazar.

Dans une immense salle d'un palais magnifique illuminé de mille tor-
ches, le dernier roi des Babyloniens est attablé près d'une jeune femme.
Ils sont entourés de prêtres, de conseillers debout près d'eux. Au fond de
la salle, la cour du prince est réunie autour d'une table formant un fer
à cheval. En face de Balthazar qui aperçoit avec effroi la main traçant
sur la muraille sa sentence, est un magnifique dressoir garni des vases du
Temple qu'un nombreux domestique emploie au service du festin.

Composition d'un effet saisissant sous le rapport du clair-obscur et de
la couleur; magnifique tableau qui peut rivaliser avec les étincelantes productions de Rembrandt.

CARENO DE MIRANDA (Don Juan)

14 — Portrait de la mère de Charles II.

Elle est debout vue à mi-corps, vêtue d'un costume qui semble religieux. Sa robe est blanche et montante au point de lui encadrer le visage. Un voile noir lui couvre la tête et retombe sur ses épaules. Elle tient de la main gauche un livre entr'ouvert, la droite est appuyée sur le dossier d'une chaise.

Ce portrait, d'une couleur puissante et claire, se détache sur un rideau damassé or et bleu.

CARENO DE MIRANDA (Attribué à)

15 — Mater dolorosa en pied.

16 — Le même sujet.

17 — Le Couronnement d'épines.

CASTREJON (Antoine de)

18 — Sainte Madeleine et deux anges.

CEREZO (Mathieu)

19 — Deux pendentifs. Anges soutenant des vases de fleurs.

20 — Trois pendentifs.

Ce sont deux anges qui tiennent les uns des vases d'or, le troisième un encensoir.

21 — La Mise au tombeau.

Composition de plus de dix figures d'une exécution large et d'une belle couleur.

ESCALANTE (Jean-Antoine)

22 — La Mère de douleurs.

La Vierge, les regards élevés vers le ciel, l'âme brisée, tient étendu sur ses genoux le corps inanimé de son divin fils. Sainte Madeleine à genoux, inonde de ses larmes la main du Rédempteur. Saint Jean, non moins affligé, se voit un peu en arrière.

GOYA DE LUCIENTES (François)

23 — Scène de carnaval à Venise.

Composition capitale pleine de gaieté et d'animation, touchée avec la facilité qui distingue ce maître dont l'originalité le fait tant rechercher aujourd'hui.

24 — Portrait de Melendez Valdes.

25 — Portrait de femme.

26 — Intérieur d'une prison.

27 — Intérieur d'une maison de fous.

28 — Chien noir et blanc. (Étude.)

GRECO (Théotocopuli, dit le)

29 — Portrait de Cavorrubias.

Ce personnage est vu debout devant une table, les mains posées sur un livre ouvert.

30 — Arrestation de Jésus.

Le Rédempteur s'est livré calme au milieu des soldats armés qui l'entourent.

Cette esquisse fougueuse est la première pensée d'un grand tableau, chef-d'œuvre du maître, qui se voit à Tolède.

GRECO (Théotocopuli, dit le)

31 — Le Christ en croix.
32 — Le Christ en croix.
33 — Tête du Christ.
34 — Sainte Vierge.
35 — Saint Jean (pendant du précédent).
36 — Saint François d'Assise.
37 — La Salutation angélique.
38 — Le Mariage de la Vierge.
39 — L'Annonciation.

GRECO (Attribué à Théotocopuli, dit le)

40 — Saint François d'Assise.

41 — Portrait du roi saint Ferdinand.

JEAN DE TOLÈDE

42 — Vue d'un port de mer.

Sur le premier plan, matelots et forbans jouent aux dés.

JOANÈS (Vincent)

43 — La Vierge, l'Enfant et des Saints.

La Vierge est assise près d'une table, la main droite posée sur un vase de verre contenant des branches de lis. Sa main gauche est appuyée sur l'épaule de l'Enfant Jésus qui, debout près d'elle, distribue des chapelets à trois religieux. Un ange, dépositaire de ces chapelets, complète cette agréable composition.

JORDAN (ÉTIENNE)

44 — L'Adoration des Mages.

Assise, et saint Joseph près d'elle, Marie tient sur ses genoux l'Enfant Jésus qu'elle offre à l'adoration de trois rois Mages, dont l'un est prosterné devant lui. Les deux autres sont debout tenant des vases d'or à la main. Des chérubins qui descendent du ciel viennent aussi adorer le Messie. [1]

45 — Saint Bruno.

Il est à genoux méditant profondément. Devant lui sont un livre ouvert, une tête de mort, un crucifix. Des chérubins descendent du ciel.

46 — Dalila coupant les cheveux à Samson.

47 — David et Goliath. (Esquisse.)

48 — Saint François de Ferrer.

JORDAN (Attribué à)

49 — Le Christ devant Pilate.

50 — Épisode de la vie de saint Sébastien.

51 — Le Denier de César.

52 — Composition de onze figures.

Au centre, une femme à laquelle un roi présente un livre ouvert. (Esquisse.)

---

[1] Le nom de Jordan est populaire en Espagne. On lui attribue une foule de productions exécutées dans des manières diverses. Il est à l'École Espagnole ce que le Giordano est à l'École Italienne, c'est-à-dire qu'outre sa manière propre il a encore exécuté une foule de tableaux à l'imitation de tous les autres maîtres.

JORDAN (École de)

53 — Saint prêchant la foi chrétienne à un roi païen au moment où il s'apprête à offrir un sacrifice à Hercule.

54 — A la porte d'une ville, un roi accompagné d'une suite nombreuse, écoute un saint religieux.

KAN

55 — Saint Jean-Baptiste.

LANCHARÈS (Antoine), signé.

56 — Apparition de la Vierge à saint Ildefonse.

La sainte Vierge donne l'habit à saint Ildefonse. Des anges et les élus de son ordre assistent dans les cieux à cette scène mystique.

MARGARITA

57 — Vase de fleurs.

MIRANDA

58 — Vision de sainte Thérèse.

Dans son extase, la Sainte aperçoit, par l'intercession d'un ange, saint Augustin qui, le cœur enflammé d'un feu divin, s'élève au ciel jusqu'au pied de la Sainte-Trinité.

MIRANDA

59 — Des Religieux dans un paysage.

60 — Le même Sujet (son pendant).

61 — Paysage.

MONTALVO (Don Bartolome)

62 — Paysage avec troupeaux qui passent un gué.

63 — Paysage avec cascade (son pendant).

64 — Paysage avec baigneuses.

MUNOZ (Sébastien)

65 — Saint Braulio.

MURILLO (Barthelemy-Esteban)

66 — Le Christ en croix.

La couleur de ce bon tableau est claire et harmonieuse. La tête du Rédempteur est admirable d'expression, et légitime non-seulement l'estime particulière que M. de ***, le feu possesseur de cette Collection lui portait, mais encore son attribution.

MURILLO (École de)

67 — Le Saint Suaire.

PEREDA (Antoine), signé et daté.

68 — Le jeune Tobie rendant la vue à son père.

A une exécution facile, ce tableau joint encore une couleur brillante.

POSADAS (Le frère Michel), signé et daté.

69 — Communion mystique de sainte Rosalie.

Le Christ, debout devant un autel, présente l'hostie à sainte Rosalie agenouillée devant lui. La Vierge, debout derrière elle, s'apprête à la couronner de roses blanches.

Toute une communauté et des anges nombreux assistent à cette cérémonie, tandis que d'autres anges, en s'accompagnant d'instruments divers, semblent faire entendre leurs mélodieux accents et complètent cette charmante et intéressante composition.

RIBALTA (François)

70 — Un Ange délivrant saint Pierre de sa prison.

RIBERA (dit l'Espagnolet)

71 — Saint Jérôme.

72 — L'Apôtre saint Jude.

RIBERA (D'après)

73 — Saint Pierre en prison.

RINCON (Antoine d'el)

Rincon est un des artistes les plus distingués de l'Espagne. Ses œuvres peuvent marcher de pair avec les ouvrages de Ghirlandajo, de Filippo Lippi, etc. Né en 1446, il était encore dans le sein de sa mère quand une Bohémienne prédit qu'il serait un jour un grand peintre, appelé à faire une révolution dans les arts. A peine âgé de huit ans, ses dessins faisaient l'admiration de tous. Selon la prédiction, il fit en effet une révolution dans la peinture, car il fut le premier parmi les peintres espagnols qui abandonna la manière gothique. Son nom devint rapidement populaire. Ferdinand et Isabelle se l'attachèrent si intimement qu'il les accompagnait même dans leurs voyages.

Nous ignorons quelle a été la direction de ses premières études, mais il est indubitable qu'il passa une partie de sa jeunesse en Italie. Les Espagnols prétendent même qu'il fut, avec le Pérugin, maître de Raphaël. Quoi qu'il en soit, ses ouvrages sont dignes d'une telle supposition et la présence du portrait de Raphaël presque enfant dans le tableau que nous offrons en vente, semble appuyer ce te prétention.

74 — Concile présidé par le roi Ferdinand le Catholique.

Sous un dais de drap d'or, le roi est assis sur son trône. Saint Thomas de Villeneuve, vêtu de ses habits sacerdotaux, est à sa gauche. Sur le gradin du trône sont deux cardinaux, l'un d'eux, Gimenez-de-Cisneros. Au pied du trône sont quatre docteurs, parmi eux le célèbre Nebrija qui semble porter la parole. A droite et à gauche se tiennent debout le peintre lui-même et le jeune Raphaël d'Urbin.

Grande et excellente composition digne à tous les titres, nous le répétons, des plus grands maîtres italiens de 1400, si recherchés aujourd'hui.

75 — La Vierge et saint Ildefonse.

La Vierge sur un trône, entourée de saintes qui l'assistent, revêt d'habits pontificaux saint Ildefonse, humblement agenouillé à ses pieds. — Sainte Barbe et sainte Catherine assistent à cette cérémonie.

76 — Saint Jean-Baptiste.

77 — Saint François (son pendant).

RIZI (François)

78 — Le Mariage mystique de sainte Catherine.

79 — Le Martyre de saint Ignace d'Antioche (son pendant).

Compositions capitales, qui joignent à une couleur agréable une exécution facile et puissante tout à la fois.

TOBAR

80 — Saint François d'Assise en prière.

81 — Ange tenant un glaive à la main.

VELASQUEZ DE SILVA (Don Diego)

82 — Ustensiles de cuisine.

Deux chaudrons en cuivre, un baquet, des tomates et autres fruits sont déposés sur une table de pierre, et des poissons sur une espèce de gradins auxquels est attachée une pancarte timbrée où l'on pourra déchiffrer quelques lignes à demi effacées.

83 — Portrait de sa fille.

84 — Saint André (Esquisse).

VELASQUEZ (D'après)

85 — Portrait du roi Philippe IV.

VELASQUEZ (École de)

86 — Portrait équestre d'un prince de la maison d'Autriche.

ZURBARAN (Attribué à)

87 — Saint François baisant les plaies de notre Seigneur.

INCONNU

88 — Portrait équestre d'un guerrier armé de toutes pièces.

ÉCOLE ITALIENNE

ANDRÉ DEL SARTE (Andrea Vannucchi)

89 — Portrait de l'Auteur.

GALLIARI DE MILAN

90 — Ruines romaines dans l'intérieur d'une ville d'Italie.

GUIDE (Guido Reni)

91 — Le Martyre de saint Sébastien.

GUIDE (Attribué au)

92 — Saint Sébastien.
93 — Tête de l'apôtre saint Pierre.
94 — Tête d'un apôtre.
95 — Tête d'un apôtre.

RICCI

96 — Vénus et l'Amour.

ÉCOLE FLAMANDE

ES (Jacob Van) signé.

97 — Des raisins et des noix.

FRANCK (Dominique)

98 — Triomphe d'Amphitrite.

RUBENS (D'après)

99 — Saint Bernard auquel apparaissent le Christ et la
sainte Vierge.

SNEYDERS (François)

100 — Chasse au sanglier.

Fatigué et sur ses fins, un énorme sanglier est atteint près d'une mare par
toute une meute qui le serre de près. Tout son poil est hérissé, son œil est
rempli de colère, car la lutte va devenir terrible : l'ennemi s'avance même
à travers l'onde dans laquelle il espérait rencontrer son salut.

101 — Chasse au cerf

Un cerf aux abois, après avoir terra sé deux ennemis, est enfin atteint
par les chiens les plus alertes de la meute qui le poursuit. L'un d'eux
a saisi le malheureux animal par l'oreille, un autre par le poitrail.
Son regard exprime les dernières angoisses, et la tension de ses membres,
l'essai d'un suprème effort pour échapper à la dent meurtrière de ses
vainqueurs.

102 — Combat de chiens.

De beaux et fiers chiens de chasse s'attaquent avec fureur. L'un d'eux,
au centre du tableau, saisi au col par un danois, s'apprête à la riposte,
quoiqu'un autre féroce danois le morde horriblement sur le dos. On peut
prévoir à cette vigoureuse attaque que la lutte va devenir des plus san-
glantes.

A côté de ce groupe, un élégant chien de chasse, plus généreux, a
terrassé son adversaire et semble, fier de sa force, ne vouloir obtenir que
la soumission de l'ennemi. D'autres chiens entourent ces terribles combat-
tants, les excitent de leurs aboiements, mais ne semblent pas oser en
approcher.

Ces trois compositions sont également remarquables par la force de
l'expression, le mouvement, l'analyse des détails et surtout par la pureté
du dessin qui, dans les animaux de Sneyders, est aisé, souple et naturel.

Enfin, de jolis fonds de paysage complètent ces excellents tableaux qui
assurent leur légitime succès.

ÉCOLE FRANÇAISE

VAN LOO (Louis-Michel)

103 — Portrait d'homme cuirassé.

INCONNUS DES DIFFÉRENTES ÉCOLES

104 — Un saint Religieux, figure en buste.

105 — Deux perdrix.

106 — Martyrs écorchés par des bourreaux.

107 — Petit paysage.

108 — Le Père Éternel. Tableau en ogive.

109 — Le Sauveur du monde (son pendant).

110 — Religieux tenant un livre et la croix d'archevêque.

111 — Un Religieux et un Cardinal soutenant une église.

112 — Portrait du pape Benoît XIII.

113 — Saint Jérôme, cardinal.

INCONNUS DES DIFFÉRENTES ÉCOLES

114 - Portrait d'un chevalier de l'ordre du Saint-Esprit.

115 - Religieux à genoux invoquant la sainte Vierge.

116 — Deux marines flamandes.

117 — Trois têtes collées sur bois.

(Fragments de tableaux.)

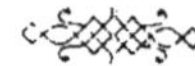

RENOU et MAULDE, imprimeurs de la Compagnie des Commissaires-Priseurs,
rue de Rivoli, 144.   28686